SIEGFRIED KESSEMEIER · SPUR DER ZEIT – LANDSKOP

SIEGFRIED KESSEMEIER

SPUR DER ZEIT – LANDSKOP

GEDICHTE

Mit Grafiken von Jochen Geilen
und einem Nachwort von
Walter Gödden

BÜCHER DER NYLAND-STIFTUNG · KÖLN

INHALT

SPUR DER ZEIT
7

LANDSKOP
33

NACHWORT
133

SPUR DER ZEIT

die spur der zeit
in stummen spiegeln
hellsichtig blind
vergessen

das feste trügt
der raum hält atem an
kalkbleiche ziegel
staub flirrt
jetzt wie einst

die düstren aquarelle
des dezembers
im regen schwimmend
abendschwarz

bewahrtes
tief versenkt
und neu geschaut
erkennen

und worte sagen
die nicht bleiben
und namen auch
anläufe voller hoffnung
wiederkehr

schreib auf
maschinenschnell
welch klarer augenblick
sekundentakt

mitten in den feldern
das elsterngebüsch
scheckernder zuruf

vorm hang
der scheunenblock
gruß von serra

ein verschollenes
blatt in der flut
von tausenden

beinah im traum
hätte ich es
gefunden

wo es immer
war

die tiefe nähe
der wälder

silbergraue leere
zwischen den
stämmen

über wipfeln
verebbendes
abendgeräusch
des fliegers

die stillen nachbarn
der anderen jahrhunderte
nebenan

vielleicht tritt einer
aus dem rahmen
an diesem grauen
nachmittag

erzählt mir
was die heimgekehrte
gräfin in den händen hielt
die man ihr nahm

alles ist anders:
wo noch vor kurzem
die letzten helden
beim morgenappell
sangen
werfen die sieger
kindern zum hohn
die kekse
ins feuer

in die höhle
der erinnerung kriechen
und genau wissen
wie es war:

der heiße mittag
auf der dorfstrasse
ganz still

und der duft
der birnen
im grellen licht

blau
blue
bleu

die gegenwart
der farbe
jetzt hier
nur sie

der name
tut nichts
mehr zu sache

yves klein

die windmühle
auf dem küchentuch
holland da hinter
dortmund und bocholt
auf die see zu
sehr nah und sehr fern
vorsichtige nachbarn
nicht ohne grund

steinworte
ein grabmal
im schatten
des münsters

les cimetières
des naufragés

gedenkt
ian hamilton
finlays

die schrunden
der farbe
getrocknete
narben

tief
eingegraben
was bleibt

brombeerranken
und nesseln
dazwischen
der trampelpfad

backsteinhügel
zum wald heran-
gewachsene hecke

die apfelbäume
blühen noch immer

tage im august

tauben
im schlaffen laub
der esche vorm fenster
lautlos
die blätter pickend
stadtvögel
graublaue flecken
im grün

die nachricht
am morgen
ein jähes erwachen:
wieder erheben
die retter des vaterlandes
ihr eisernes haupt

regenfeucht glänzend
über der straße
der gelackte erkerhelm
rotarmist
wachsam und freundlich
etwas fremd in dieser
soliden gegend

aussichten

sterne
glasblüten
an der etagentür
das ferne firmament
ganz nah

porentief
landkarte des verfalls
eine bedenkliche topographie

eingehen in bilder
wiederfinden
die spur des wissens
das licht die linie
den anflug der farbe
erkennen

für agnes martin

vertieft
ins schwarz
der puls
sinkt ab
geh bleib

landsend
die stille
aus graphit
und stein

vertieft
ins schwarz
geh bleib

für jan kooistra

fahl
wie verbrannt
das gras

die matte narbe
von entwichnem
grün

braunschartig
aufgebrochne
erde

licht
stößt zu
verdorrt

sibirien suchend

drinnen
in der birke
sammelt sich
das licht
staut
verborgene helle
unter der rinde

hervorgescharrt
unterm schnee
ein fetzen grün
moos auf er-
starrtem stein

stumm
überwächst
das eis
die strömung
des flusses
die wasser
versinken
lautlos

auf dem rücken
des elches
in die nacht
eiswindgepeitscht
über eisigen grund
in den riesigen
rachen des raums
das ziel vergessend

LANDSKOP

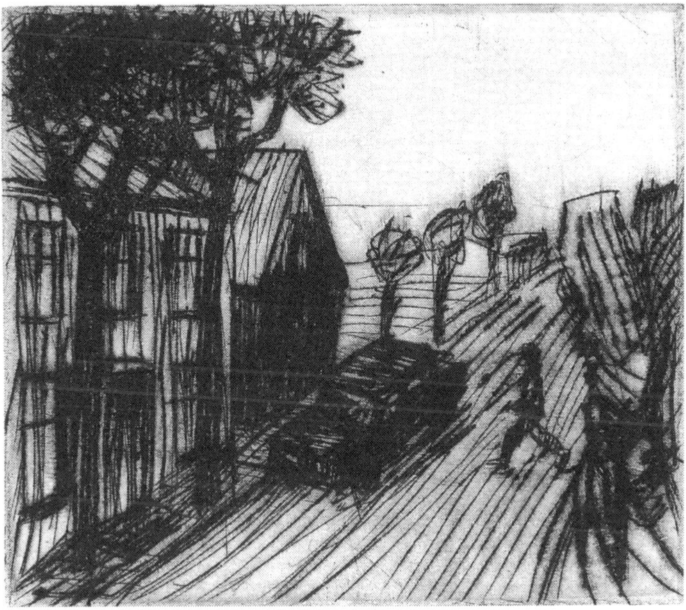

unter
brombeersträuchern
verkrochen
ausruhn in einem
schoß von laub
sicher
fern nur noch
bellen die hunde

unner
brumstertenstruikern
verkruopen
resten in me
schaut van läof
sieker
fär men näo
blieket de ruien

mit bleistift
an die wand geschrieben
abgestrichen
fünf nach fünf
gerade und querdurch:
maß welcher last
und wer trug sie?

met bloifiär
an de want schriewen
affstrieken
faiwe no faiwe
strack un dedör:
mote för welke dracht
un bai draug se?

auf mauern und zäunen
die lauten sprüche
alle von hand gemalt
was für eine arbeit
es geht vorwärts
mit der demokratie

op miuern un tuinen
de harren sprüeke
alle van hant molt
bat för ne arbett
et goiht födder
met de demokratie

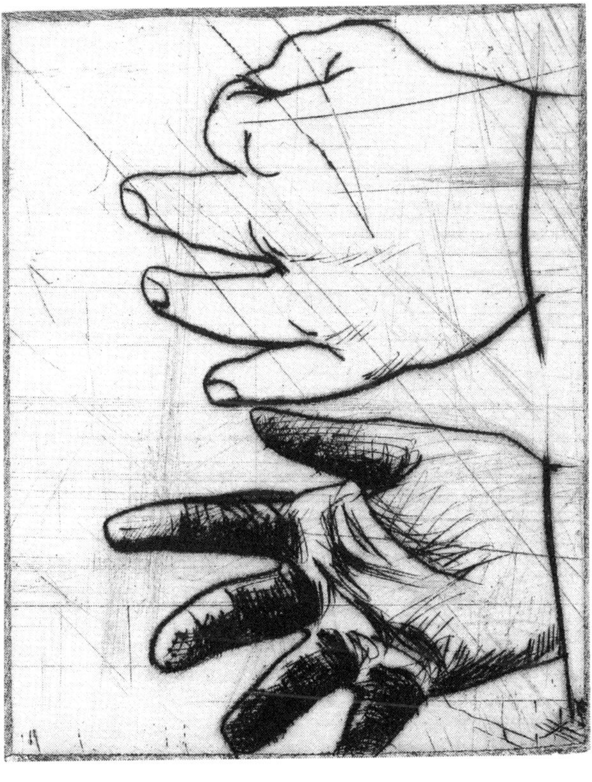

neben mir
steh ich und seh:
das ist kein verdienst
alt werden
ich zähle
in zeitungen –
aufbewahren für
alle zeit

tieger moi
stoh iek un soih:
dat is kenn verdennst
olt wäern
iek telle
in toidungen –
wahren för
alle toit

im stillen abend
hoch der himmel
und dunkelt schon
sausen die schwalben
schrill um das haus
rufen hier und
vergehn und
die abende gestern
vergangen

imme stillen owend
häoge de hiemel
un duistert all
siuset de schwalen
schrell ümmet hius
raipet hoi un
vergohn un
de owende gistern
vergohn

ostende

mittag
james ensor ist
nicht mehr zu sprechen
oben
hinter dem fenster
schaut er uns nach

oostende

middag
james ensor is
nit mär te spriäken
uowen
ächter me finster
saiht he us no

berlin

der platz
groß vor leere
kalt das prunkvolle
haus am ende
die stiege nebenan
geht nicht weiter

berloin

de plass
gräot vüör lieghait
kolt dat störige
hius amme enne
de twiete tiegenan
goiht nit födder

dublin

nachbar joyce
alles aufgeschrieben
wo ich nie gewesen bin
weiß ich bescheid
wie in oeventrop

dublin

nower joyce
alles opschriewen
bo iek ni wiäsen sin
woit iek beschoid
biu in öerntrop

wien

nicht so fern
näher die donau
an der ruhr
als man gedacht hat
und die armen leute
dieselben

wien

nit säo fär
nöger de donau
an de riuer
ärre me dacht hiät
un de armen luie
deselwen

rauhrot überm wasser
die arche aus stein
von sonne getränkt
verzogen die flut
begraben die toten
verwachsen die narben
helgoland

riuräot üewerm water
de arke iut stoin
van sunne dränket
vertrocken de flaut
begrawen de däoen
verwassen de narwen
hilligen lunn

namen
überall
an der erde

schließe die augen
und rufe sie an:
brant, lake,
oilken, strummecke,
ümmeklecker,
kräggenhoime,
haskert, huwwenest

rufe sie an
und du siehst
deine landschaft

landschaft aus
wissen und worten
und allen jahreszeiten
die nicht vergangen sind

namen
üewerall
an de äre

make de äogen tau
un raupe se an:
brant, lake,
oilken, strummecke,
ümmeklecker,
kräggenhoime,
haskert, huwwenest

raupe se an
un diu suihs
doine landskop

landskop iut
wieten und woren
un allen johrestoien
dai nit vergohn sint

nachts
das wehr
wie es rauschte
und die wenigen autos
verloren auf
der straße

nachts
wind in den bäumen
im schilf
flüsterten stimmen
tiefer und tiefer
zog dich der
strudel zeit

boi nachte
de schlacht
biu se riuskere
un de wennigen autos
verluorn op
de strote

boi nachte
wint innen boimen
imme schirp
wispelten stemmen
daiper un daiper
trock di de
striudel toit

zwei blinde fenster
augenblick von gestern
staut in der wand
vor wohnungen
die niemand gesehen hat

twoi blinne finster
äogenschlag van gistern
stügget in de want
vüör wuohnungen
dai nümmes saihn hiät

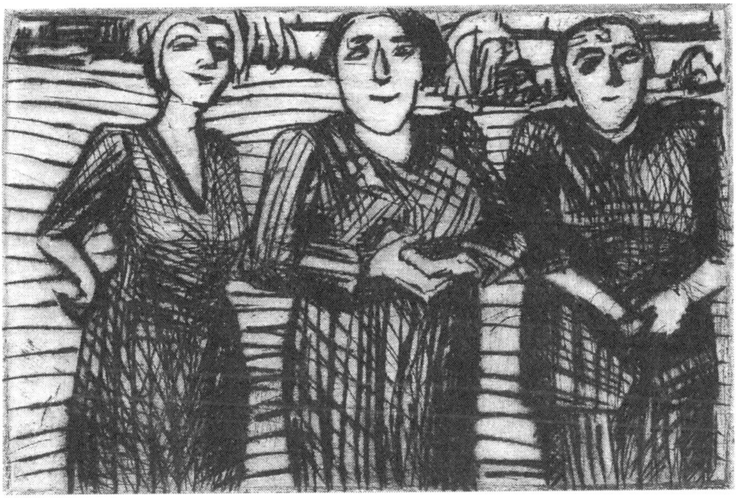

beerdigungen
alle tage
der gärtner hält
nicht mehr auseinander
wer tot ist

begriäften
alle dage
de görner hollet
nit mär iutnoin
bai däot is

mein vater
mein großvater
mein großvater
vor dem großvater

und all die
andern leute
die zu mir gehören

vertraut
und fremd
wir haben miteinander
zu tun

mein vater
mein großvater
mein großvater
vor dem großvater

moin var
moin ankevar
moin ankevar
vüör diäm ankevar

un all de
annern luie
dai moi tauhört

vertrugget
un früemert
voi hiät metenanner
te daune

moin var
moin ankevar
moin ankevar
vüör diäm ankevar

1844

es riecht nach wasser
und anderen ufern
wohin wenn man
nicht bleiben kann?
boston cincinnati
philadelphia
ein neuer anfang

1844

et ruiket no water
un anneren auwers
bohenne wemme
nit bloiwen kann?
bosten sinsinätti
filadelfia
en niggen anfank

die saueräpfel
sind rar geworden
verrate nicht
wo man sie findet
im walde (berge)
voll von wildem saft

de sürke
sint ror wuorn
verroe nit
bo me se finnet
imme biärge
vull willen saap

der turm
im morgenlicht
so alt und sicher
so nah und groß
und so fern
als ständ er
auf einem anderen ufer

de täoern
imme muornlecht
säo olt un sieker
säo noge un gräot
un säo fär
ärre stönt he
op nem anneren auwer

heu und kaffee
ein guter geruch
aus glösingen
und buchenholzrauch
für die schlackerwurst

hai un kaffe
en gueren gerüek
iut glüesen
un baikenholträok
füör de schlackerwuorst

friedrich der zweite
von preussen
der große genannt
krieg hat er gebracht
in unser land
und sterben mußten
die jungens
daß er groß war

friderich de twerre
van pruissen
de gräote nömet
kruig hiät he bracht
in uese land
un stiärwen mochten
de jungens
dat he gräot was

tot
so gut wie tot
sie sind alle tot
schon tot
ohne daß sie es wissen

däot
säo guet ärre däot
se sint alle däot
all däot
one dat se et wietet

der tag genau
nur dieser ist es nun
so hier und selber
keiner so wie er
und schon verloren
den hält niemand an
bewahrt in dir allein

de dag genau
men düese is et niu
säo hoi un selwer
kainer ärre hai
un all verluorn
diän höllet nümmes an
un wahrt in di alloin

losgezogen
und nicht zurückgekommen
die tumba ist leer
was soll nun noch
das eiserne kreuz

losstrocken
un nit trüggekummen
de tumba is lieg
bat sall niu näo
dat oiserne kruiße

geduldig
demütig
zufrieden

so haben sie's gehört
so haben sie's gelernt
gottes gebot

geduldig
demütig
zufrieden

nicht alle konnten
damit leben
hannols franz sagte:
unser johann
der hat sich
zu tode gearbeitet

gedüllig
demaidig
tefriär

säo hät se't hort
säo hät se't lohrt
guorres gebuot

gedüllig
demaidig
tefriär

nit alle kunnen
domet liäwen
hannols frans saggte:
uese johann
dai hiät siek
te daue arbett

bücher
im schrank
die welt auf papier
was brauche ich
dahin rennen
wo ich längst
gewesen bin

baiker
imme schapp
de welt op papoier
bat briuke iek
dohenne jachtern
bo iek längs
wiäsen sin

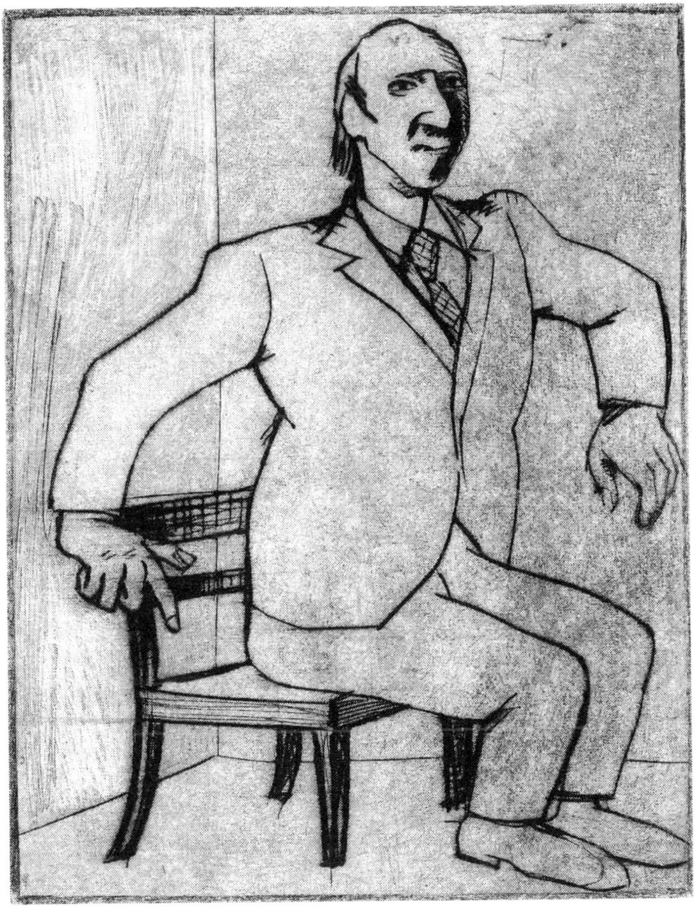

überall
hingekommen
und nirgendwo
gewesen als da
wo man immer war

nirgendwo
hingekommen
aber überall
gewesen wo man
hin denken konnte

üewerall
hennekuemen
un nirgendbo
wiäsen ärre do
bo me liuter was

nirgendbo
hennekuemen
owwer üewerall
wiäsen bo me
hen denken konn

aufribbeln
und umstricken
neue wolle ist rar
hinterher
merkt keiner
daß es die alte ist

opriwweln
un ümmestricken
nigge wulle is ror
ächterhiär
miärket kainer
dat et de olle is

sicher
ist sicher
ist nicht genug sicher
man muß sicherer sein
daß man sicher ist
am sichersten sicher ist
wenn keiner mehr
sicher ist

sieker
is sieker
is nit genaug sieker
me mat siekerer soin
dat me sieker is
amme siekersten sieker is
wenn kainer mär
sieker is

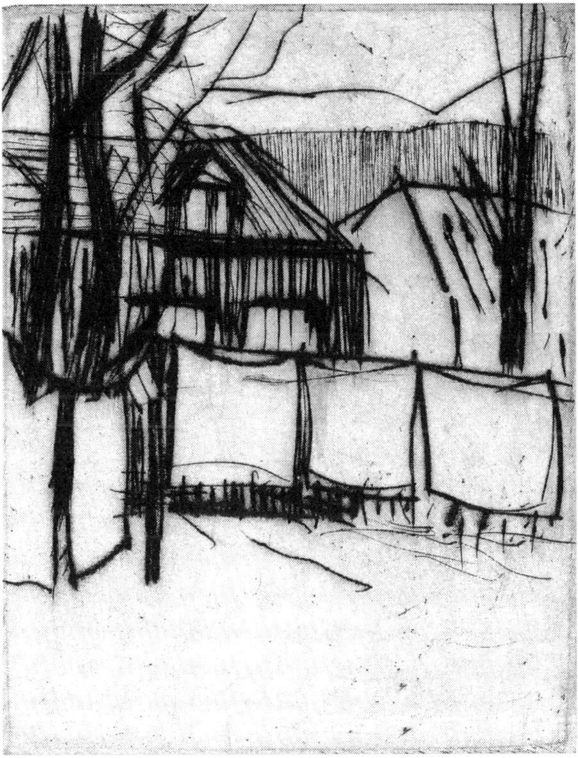

der winter
ist zurückgekommen
mit weißer hand
greift er
über den berg
und beißt sich
am bach fest
tiefer kriecht
der maulwurf
in die erde

de winter
is trüggekuemen
met witte hant
langete
üewern biärg
un bitt siek
an de bieke faste
daiper kruipet
de miulwuorf
in de äre

rauhreif
auf den wiesen
nur die felsen
stoßen stumpf
aus dem hang
niedrig die sonne
es friert

riufuorst
oppen wiesen
men de leggen
stött stump
iutem auwer
soige de sunne
et fruiset

trockenes wetter
dürres geäst
knackt unterm fuß
die tannen haben
keinen atem mehr
nur der bach fließt
weiter seine
litanei

droiget wiär
spriekel knappet
unnerme faut
de dännen hiät
kennen ohm mär
men de bieke flütt
födder iäre
littenigge

im siepen
das gras
noch schwer von tau
kühl weht
der morgen
aus den büschen
auf dem weg
liegt schon
ein fleck licht

imme soipen
dat gras
näo schwor van dau
kaule wegget
de muorn
iut diän büsken
oppem wiäge
legget all
en plack lecht

der große kamp
breit zwischen
morgen und nachmittag
wiese von allen wiesen
grün in der sonne
und leicht vor dem wald
der ihn einzäunt

de gräote kamp
broit tüsker
muorn un nummedag
wiese van allen wiesen
grain in de sunne
un lichte vüörme biärge
dai ne tuinet

in arnsberg

still
kriecht sie
hinter der stadt
aus dem grummelgrund
weißwolke
steilauf
ohne ende

in ansbreg

stickum
kruipet se
ächter de stat
iut diäm grummelgrunt
wittwulke
richtop
one enne

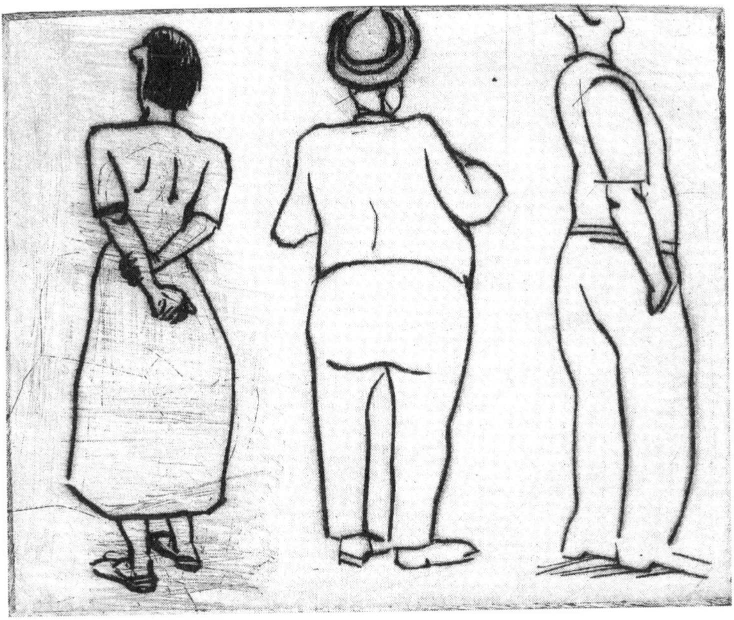

zum jubiläum
wieder eine wahl
und wieder welche
die ihr feuerchen
anzünden mit der
angst vor den andern

taume jubiläum
woier ne wohl
un woier welke
dai iähr fuierken
anbaitet met de
angest vüör diän annern

mittags stand er
in der sonne vorm hause
in seinem braunen zeug
alex soldat aus polen
und war nur ein schuster
und hier nicht zuhause

middags stont he
in de sunne vüörme hiuse
in soime briunen tuig
aleks saldot iut polen
un was men en schauster
un hoi nit tehoime

grabstein

berthold jakob
argentinien
und sein dorf
wo er zuhause war
oeventrop

grafstoin

berthold jakob
argentinien
un soin duorp
bo he tehoime was
öerntrop

pater
ist er geworden
und in die welt gegangen
wenn er zurückkam
haben sie ihn gelobt
aber nicht verstanden
es hatte sich
nichts geändert

poter
is he wuorn
un in de welt gohn
wenn he trügge kem
hiät se ne loewet
owwer nit verstohn
et harr siek
nicks ännert

weg
hinweg
fliegt
der augenblick
zeit

jeder
hat seine
handvoll

fest
zu halten
ist nichts
als das
ende

weg
hinweg
fliegt
der augenblick
zeit

denne
dedenne
floiget
de äogenschlag
toit

joideroine
hiät soine
hantvull

faste
te hollen
is de nicks
ärre dat
enne

denne
dedenne
floiget
de äogenschlag
toit

bücher machen
stapel papier
buchstaben satt
wer schreibt
der bleibt
wer bleibt?

baiker maken
bansen papoier
baukstawen saat
bai schroiwet
dai blitt
bai blitt?

scotland

en stoin
in de hant
guet failt he siek an
runt schliepen
van water un toit
gedüllig alloin
in de hant

de miuern
bat was
bovan me vertellet
gloiwet et nit
et was liuter
gans anners

do biuten
üewer de see
de olle mann van hoi
richtop vüörme lant
vüör diän ruggen
auwers van orknei

die reichen von glasgow –
so wie die römer:
steine sollten erzählen
lange danach noch
wer schlauer war
hat bilder gekauft
fürs museum

de roiken van glasgou –
säo ärre de römer:
stoine söllen vertellen
lange dono näo
bai schlauer was
hiät biller kofft
füört museum